河出文庫

純喫茶コレクション

難波里奈

kawade bunko

河出書房新社

はじめに

時間の経過とともにどんどん便利になっていく世界。

多くの人が利用しているスマートフォンが、生活にさまざまな楽しみと潤いをもたらしていることと思います。

一方、誰かと顔を合わせて会話をしたり触れ合ったり、気になるところへ出掛けていって好きなものを食べたり飲んだりする楽しさは、画面越しではまだできないことでもあります。


たくさんの魅力的なレジャーがある中で、私が十数年前から夢中なのは「純喫茶巡り」です。

昭和に青春時代を送った人たちも、その頃にはまだ生まれていなかった人たちも、扉を開けた瞬間に記憶の中のノスタルジーを揺さぶられて惹かれてしまう場所として、近年ふたたび注目が集まっています。

この本は、以前から日課のようにゆるりと続けていた喫茶店訪問の記録をまとめた一冊を、10年近く経過した現在、加筆・修正したものです。

長く通っているお店、なくなってしまったお店、新しく出会ったお店……。迷いに迷って、これからも訪れていきたい好きなお店ばかりを選びました。もちろん、こちらに載せきれなかった素晴らしいお店も数えきれないほどあります。

願わくば、皆さまにとっての大切な喫茶店、思い出の喫茶店がこの中にありますように。

そして、新しくお気に入りが見つかることを願ってやみません。

訪ねる理由は、珈琲の味や空間の美しさだけではなく、好きな漫画が置いてあるから、眺めていたくなる絵が飾ってあるから、マスターの笑顔に会いたいから、と、どんなことでもいいと思います。

自分にとって心地良く過ごせる場所であるのなら、それが一番ですから。

私の純喫茶旅行は、これからもマイペースに続いていくのでしょう。

旅の途中、純喫茶を愛してやまない皆さまに、いつかどこかでばったりとお会いしてお話できたなら……。

そんなことを空想しながら、今日もあの街の喫茶店へ。

目次

ぎおん石 喫茶室（P36）

喫茶 有楽(P102)

カトレア（P78）

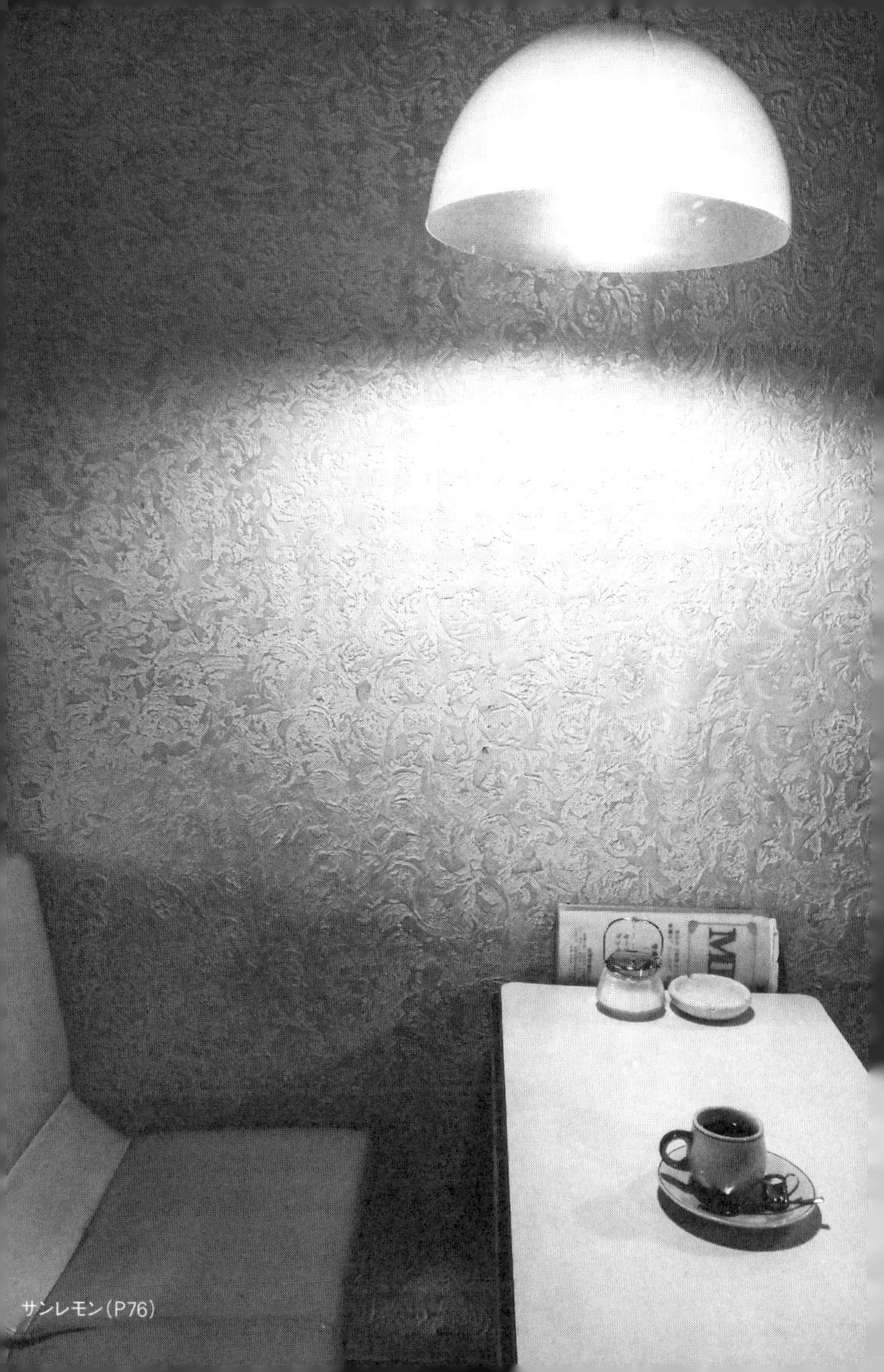

サンレモン（P76）

純喫茶コレクション

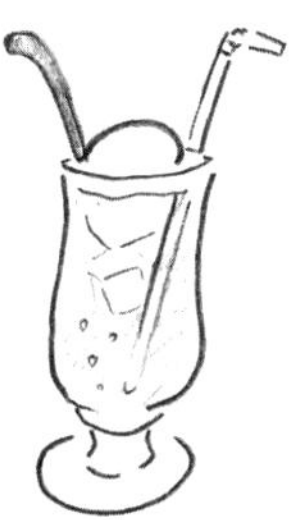

珈琲専門店 エース

東京都千代田区内神田三－一〇－六

頻繁に通っているお店のひとつがここ、オレンジ色のシェードがまぶしいエースです。交互に並べられた2色の椅子、白いテーブル、マスターによる味のあるお品書き、カウンターの奥にずらりと並んだ手焼き焙煎の珈琲豆、窓に掛けられたレースのカーテン、入り口に置かれている懐かしい形の傘立て。もうすべてが好きでたまりません。創業当時からほとんど内装の変わらない店内はいつも清潔に保たれていて、あたたかい笑顔で迎えてくれるマスターご兄弟に会えば、一日の疲れもすっと抜けて癒やされるのです。

☎ 〇三－三二五六－三九四一
㊡ 日曜日・祝日

珈琲 オンリー

東京都荒川区南千住五ー二一ー八

目玉のような印象的なデザインの看板と、「魔性の味」というキャッチフレーズが気になるこのお店。

扉を開けた瞬間、視界に飛び込んでくるのはモダンな配色のストライプの壁紙。緑色と茶色をメインとしたインテリアは、椅子の足の形までもが素敵。

注文を受けてからマスターが1枚ずつ丁寧に焼いてくれるホットケーキは少し冷めてももちもちとしていて絶品。丁寧に作られたサンドイッチは浅草の名店、ペリカンのパンで味わえます。帰り際にはハイカラなレジにも注目です。

☎〇三-三八〇七-五九五五
㊡日曜日

喫茶 ソワレ

京都府京都市下京区
西木屋町通四条上ル真町九五

京都・河原町の高瀬川沿いにあるソワレ。扉を開けると、人物を美しく見せるという青色照明に照らされた幻想的な空間が目の前に浮かび上がります。光の色と相性のいい緑の椅子や、いたるところにある葡萄の彫刻、そして店内に堂々と飾られた東郷青児氏の絵画が作り上げる、夢のような空間に誰しもが現実を忘れてしまうのです。名物のゼリーポンチには赤、青、黄、緑、紫の5色のゼリーが。まるで宝石のような一杯で、つい見惚れてしまいますが、やさしい炭酸が抜けないうちにぜひ。

☎ 〇七五－二二一－〇三五一
ⓘ http://www.soiree-kyoto.com/
㊡ 月曜日（祝日の場合は翌日）

荻窪 邪宗門

東京都杉並区上荻一－六－一一

荻窪駅すぐの小さな商店街の中にあるとっておきのお店。緑色のしましまのシェードが鮮やかな入り口、こぢんまりとした1階、思わず手摺りを握りしめてしまうほど急な階段、そして2階の屋根裏部屋のようなインテリアがたまらなく好きです。
　空いていたなら嬉しいのは商店街を見下ろせる窓際の席。あちこちに置かれている本をお借りして、ぱらぱらとページをめくる自分だけのひととき。琥珀色の空間に馴染んだ、時間の合っていない柱時計が、日常をしばし忘れさせてくれるのです。

☎ 〇三ー三三九八ー六二〇六
ⓘ Twitter: @ogikubojashumon
㊡ 月曜日

喫茶 古城

東京都台東区東上野三－三九－一〇

光和ビル地下一階

「高級喫茶」と掲げられた看板を目印に地下の階段に導かれたら、そこには圧倒されるほどのゴージャスな空間が。非日常を楽しめる雰囲気の中で軽食や飲み物を優雅に味わうことができます。店内は広く、ふらりと訪れた時でも席につけるのが嬉しいポイント。

近くの観光スポットである科学博物館や動物園を散策したあとにこちらでひと休みはいかがでしょうか？　一度腰掛けたら立ち上がれなくなってしまうほどゆったりしたソファで思う存分寛ぐことができます。

☎ 〇三ー三八三二ー五六七五
ⓘ Twitter: @kojyo_kyoko
㊡ 日曜日

名曲喫茶 ネルケン

東京都杉並区高円寺南三－五六－七

好きな喫茶店に順位をつけたくはありませんが、自分にとってあまりにも大切なネルケン。いつもみずみずしい植物に囲まれている扉を開けると、先ほどまでいた現実とは時空が違うような空間へ。背もたれの高い赤いビロードの椅子が並び、流れているのは品の良いクラシック。こちらでは会話を慎んで、好きな飲み物を傍らにそれぞれがひっそりとした時間を過ごすのが正解なのでしょう。いつもお洒落で所作も美しいマダムがにっこり笑ってくださるとそれだけでしあわせで、「また明日もこちらで過ごしたい」と思ってしまうのです。

☎ 〇三－三三二一－二六三七
㊡ なし

喫茶シルビア　西新井店

東京都足立区西新井栄町二－七－五

趣があってゴージャスで広いのに混み過ぎていない。ふらりと入ったお店がそうであればどんなに嬉しいでしょう。儚げな表情をした女性のイラストを目印に2階へ上がったところにあるシルビアは席数が多く、まるでどこかの国の洋館の応接間に迷い込んだように何もかもが華やか！　刺繍が施されたソファに優雅な気持ちで腰を落ち着けて、レジカウンターを照らす大きなステンドグラスを遠くから眺めて空間を味わうという贅沢を。ハンバーグやオムライスなど定番メニューのほか、何種類ものおかずが嬉しいシルビア弁当もおすすめです。

☎〇三－三八四〇－六一一一
㊡なし

コラム1　**醒めない恋の途中**

思い返せば10年以上前に「昭和」に恋をしてから、目に映るもの、耳に入るもの、身に着けるもの、部屋に飾るもの、そしてひと休みをする空間にまで懐かしさを感じられる空気を探すようになりました。

そのとき身についた習慣のひとつが純喫茶巡りです。

ふと、気がつけば、日常でも旅先でも、昼でも夜でも、喫茶店で過ごす時間が生活の大切な一部となっていたのです。

純喫茶の良いところは、100の店があれば100の個性があるところです。

仕事のある日なら家に帰る前に、また誰かと会う前に、気持ちを切り替えるための時間を過ごす、自分のもうひとつの部屋のような空間として利用しています。旅先で訪れるならば、インテリア、メニューももちろんですが、お店の方たちから、その土地その土地のいろいろな興味深い話を聞くことができます。

最初は、開業当時から使用されているインテリアや美味しい珈琲ありきだった純喫茶への恋心が、だんだんとお店の方たちの人柄やそこで過ごす人たちの観察にも興味が広がり、それを楽しみに出かけるようになっていきました。

その想いはどんどん高まり、自分の暮らす地域の純喫茶だけでは足りずに、ひと休みすることだけを目的に旅に出るまでに。

純喫茶へ行こうと考えるとき、それだけでわくわくして、嬉しい気持ちになり、今では何よりも満たされる時間です。訪れたあとは寛ぎと癒やしばかりか、そこで目にしたものから新しい発見を得て、元気になって戻ってくるのが常です。

そうして、何年間も同じようなことを繰り返しても、また素敵な純喫茶に出会って、いまだに醒めない恋の中にいるのです。

シロウマ

東京都墨田区業平五－一四－六

押上駅から徒歩数分、東京スカイツリーが水面に映ることでも有名な十間橋のすぐ近くにシロウマはあります。こちらで感激したのは、草原を駆ける白馬みたいな看板とアイスコーヒー、ガムシロップ、ミルクの3点セットを乗せた銀色の小さなトレイ。昔から変わっていない、とおっしゃる笑顔のマスターにこちらもにっこりと嬉しい気持ちに。茶色と白色を基調とした店内は少し前に改装されたようですが、この地域を撮ったかつての航空写真を眺め、昔と今を行ったり来たりして、しばしのんびりと過ごします。

☎ 〇三 - 三六二五 - 九四七七
㊡ なし

ぎおん石 喫茶室

京都府京都市東山区祇園町南側五五五

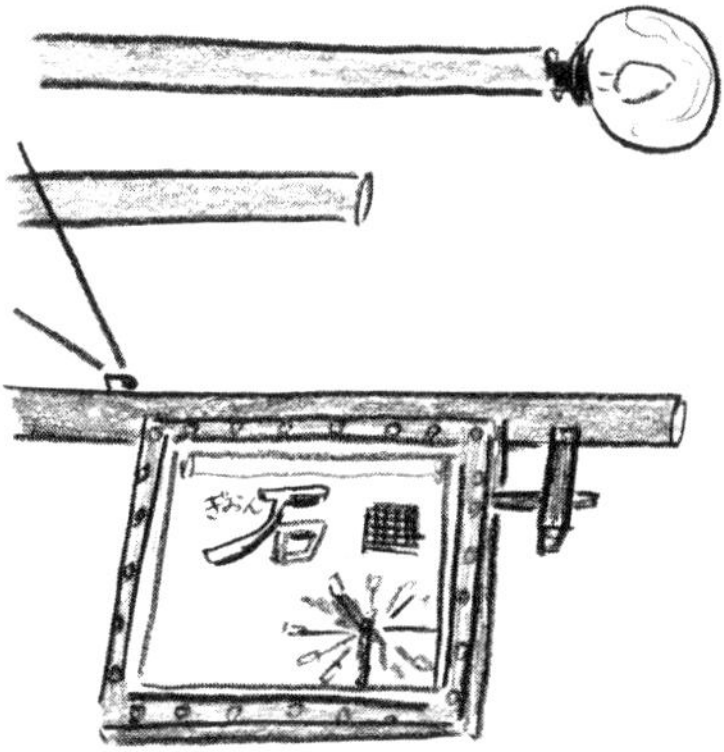

常に賑わっている祇園の中心にある宝石店の2階に、こんな素敵な空間があるとは思いもよらない喜びでした。雪の降る朝に、まだ誰もいない店内へ入った時、あまりの美しさに、しばし立ち尽くしたことを覚えています。今では造ることのできない、職人技に圧倒される木の板が無数に貼られた壁と天井や、それを照らすまるいランプ、エレベーターの配色にも感激。惹きつけられるお店というのは、そこに座っているだけで、ときめいたり、安らいだり。それは、恋に似ていると思うのです。

☎ ○七五-五六一-二四五八
ⓘ https://www.gionishi.com/gion/
㊡ 水曜日・隔週木曜日

珊瑚

東京都墨田区墨田一-九-一〇

海にまつわる店名の喫茶店はどのお店も素晴らしかったので、こちらも期待しながら扉を開けた初めての訪問時。深い緑色のビロードのソファが心地良く、壁一面の銅版のレリーフに感激。窓から差し込む光の加減や、ぽってりとしたシュガーポット、おしぼりの乗ったトレイ、そしてお店の方たちの笑顔も心落ち着く、想像通りの美しい空間でした。喫茶店で見かけるのは珍しいビーフストロガノフや真鯛のムニエルなど丁寧に作られた食事はとても美味しく、ふらりと訪れることのできる近隣の方たちが羨ましくなります。

☎ 〇三－三六一〇－三六七八
㊡ 日曜日・祝日

ニュー平和喫茶

栃木県鹿沼市天神町一八五二

少し遠くの街へ出掛けた日の散策の途中、「喉が渇いた」と思ったタイミングで素敵なお店が現れるのは、純喫茶に引き寄せられているからなのでしょうか？　こちらもそうで、好みの店内に歓喜したあとすぐ、普段暮らしているところから遠いことを思い出して嘆いたのでした。

大正時代から使われている自家焙煎機による珈琲が自慢、と気さくな店員さんから聞いたのは帰り際のこと。時間を作ってまたすぐに珈琲を味わいに訪れなくては、と思って早数年。店名の通り、穏やかな気持ちを約束されるこちらへ向かう空想をまず。

☎〇二八九‐六二‐二六三九
㈭日曜日

ギャラン

東京都台東区上野六－一四－四

普段きらびやかなものはあまり選ばないのに、喫茶店に関しては少々やりすぎなくらいゴージャスなところが好きです。上野駅を出てアメ横を少し進んだところに、金色に輝く光の粒たちが視界に飛び込んでくるきらきらとまぶしいお店があります。
おそろいの赤と黒のチェックのベストを身にまとった店員さんに案内されて、お気に入りの窓際の端の席へ。せわしなく眼下に行き交う人々を眺めながら、ぼんやりとする贅沢なひととき。誰かの気配を感じながらもひとりになりたいときに重宝するお店です。

☎ 〇三－三八三六－二七五六
㊡ なし

コーヒー　ヒヨシ

千葉県松戸市本町一九－六

歩き慣れない駅の周辺をぐるりと散策していると、素敵な看板が呼んでいました。扉を開けると目に飛び込んできたのは聖書を入れられる背もたれのある椅子。私はこのデザインにめっぽう弱いのです。壁に掛けられた銅板に記されている珈琲の歴史、照明の明るさ、席の間隔、そして地下へ続く階段を見つけて、すっかりここが気に入ってしまいました。

美味しいケーキと飲み物をセットにしても、お財布にやさしい値段がありがたくて、こんなお店が近所にあったなら、と心から羨ましく思える喫茶店です。

☎ ○四七ー三六二一ー七七四○
㊡ 不定休・お盆・年末年始

自家焙煎の店　マロン

青森県青森市安方二－六－七

「さあ、今すぐ青森行きの切符を買いに出かけましょう！」。思わずそう言いたくなるほど素敵なお店、マロン。

まず目を奪われるのは、緑色の絨毯とやさしく光を透かすレースのカーテン。あちらこちらに飾られた懐かしいおもちゃたちにも惹かれます。

何種類ものスパイスで煮込まれた愛情たっぷりの特製ジャマイカンカレーと10種類ほどの果物が見事に盛り付けられたパフェをいただきました。さらにおなかに余裕があるなら、瑞々しい季節の生ジュースも飲みたいものです。

☎〇一七-七二二一-四五七五

㊡水曜日・第3木曜日（月によって変動あり）

コラム2　私の理想の喫茶店

「ある晴れた日の午後、電車に揺られて知らない街にやってきました。金木犀の良い香りにはっとして、もう秋になるのだ、と考えながら路地裏に迷い込みます。あくびをしていた猫と目が合いましたが、こちらをちらりと見ただけで、ほかに人の気配はなく、ただ誰かの家のベランダの洗濯物が揺れただけでした。ぼんやりと歩き続けてしばらく経った頃、遠くの方に『珈琲』という文字を見つけました。どうやら古い喫茶店のようです。

店の前には大きな木が建物を守るようにして生えていました。ガラス窓の向こう側は、あたたかな雰囲気で居心地が良さそうです。重たい扉を開けると、カランカランと鳴る鈴の音。マスターがこちらを向いてにっこりと笑います。どこへ座ろうか、と迷い、木漏れ陽が心地良さそうな窓際の席へ。小さなテーブルの上には、ころんとした形のシュガーポットとさらさらした珈琲の粉が敷き詰められた灰皿。カウンターの棚にはぽってりとしたコーヒーカップとパフェグラスが並び、照明はチューリップのような赤い傘で統一されています。

散々迷った末に頼んだのは、クリームソーダとホットケーキ。運ばれてきたグラスには赤いさくらんぼが美しく、ホットケーキはふわふわと美味しそうです。余韻を楽しみたくて、あたたかい珈琲も注文。

食べ終わった頃、ふと目に入ったのは、2階へと続く階段。今日は頼めなかった気になるメニューとまだ見ぬ2階席は、どちらも次回のお楽しみとしましょう。

しばらくぼんやりと過ごしたあと、そろそろ帰ろうとレジへ向かうと、マスターが個性的なデザインのマッチ箱をくださいました。思いがけずいただいた嬉しいお土産を手の中で眺めては、あの喫茶店で過ごしたことは夢ではないのだ、と帰りの夕暮れ電車に揺られたのでした」

これは、私の願望をぎっしりと詰め込んだ妄想の喫茶店のお話です。向かう道から帰路にいたるまでに、ここに書かれているようなことがひとつでも当てはまるなら、私にとってそこは素敵な喫茶店なのです。

ニューリンデン

岡山県倉敷市広江一-一四-二五

「あれはいったいなんだろう？」と誰もが気になるピンクのお城のような外観のニューリンデンは岡山・倉敷市の大通りにあります。豪華客船を思わせるような重厚感のある広い店内は、時間帯問わず地元のお客さんたちで賑わっています。メニューはなんと食べ物と飲み物を合わせて400種類以上あり、スパゲッティは20種類、パフェも10種類と、常連さんたちが毎日通っても飽きない工夫をしているそう。特におすすめなのは、上にホイップと果物が飾られていてまるでケーキのようなフルーツサンドや、熱々の鉄板ナポリタン。

☎〇八六－四五五－六七二五
㊡月曜日

マリ亞ンヌ

京都府京都市山科区椥辻池尻町三二－四

大きなまるい6つの窓が目印の「マリ亞ンヌ」は、京都・椥辻《なぎつじ》駅から歩いて数分の緑豊かな田園風景の中にあります。「少しでも若い人たちに来てもらえるように」という2代目マスターの願いを込めて作られた名物のソーダパフェは、緑色、桃色、夏限定の青色の3色。実は青色は、私のリクエストで新しく追加していただいたもの。「この場所が好き」というマスターに大切に守られてきた場所で、「スーパー」「マークⅡ」「ジャパン」などユニークなメニュー名の食事もぜひ。

☎ 〇七五－五九二－〇八五四
ⓘ Instagram: @okkunman
㊡ 日曜日・祝日

King of Kings

大阪府大阪市北区梅田一－三－一
大阪駅前第一ビル地下一階

当時の写真や資料を見てはその頃に思いを馳せてしまう、大阪万博の世界観を彷彿とさせるこちらは、同じ大阪駅前第1ビル内にある喫茶マヅラの姉妹店です。
一本足の椅子に敷かれた赤と青のモダンなマット、グランドピアノやお酒を作るためのカウンターなど、バー営業も兼ねているゆえの高級な雰囲気が味わえるので、旅の目的も忘れて長居したくなります。色とりどりのガラスが敷き詰められた壁をはじめとした個性的な空間はこちらでしか味わえず、すっかり日常の慌ただしさから解放されてしまうのです。

☎ ○六－六三四五－三二○○
㊡ 日曜日・祝日（予約のある時は営業）

喫茶　こころ

東京都文京区本郷六－一八－一一

夏目漱石の作品から店名がつけられたという「こころ」は東大赤門の前にあります。出会えると嬉しい薄紫色の分厚いガラスの扉にはまるくて白いドアノブ、その奥にはかつてバー営業もされていたという緑色と青色の椅子が交互に並ぶ美しい空間が広がっています。

初めて訪れたとしても以前来たことがあるようなどこか懐かしい気持ちになってしまう不思議。２階席はまるで第２の教室のようで、学生たちによるさまざまな談義が行われていることも。いつまでもこのお店が呼吸を続けていていてほしいと願うのです。

☎〇三-三八一二-六七九一
㊡日曜日・祝日

六曜社 地下店
京都府京都市中京区河原町三条下ル大黒町四〇

京都へ行こうと決めたとき、真っ先に思い浮かべる珈琲の味があります。バスに揺られて三条まで。こちらでひと休みしながらその日の予定を考える瞬間、旅は始まります。お皿にしたら料理が映えそうな壁のタイルを眺めながら地下店へ。迎えてくれるのは琥珀色の灯りと座り心地の良いソファたち。まばたきせずに眺めていたい動きで淹れられる珈琲は毎日飲みたいと思うほど好みの味。旅の思い出としてハウスブレンドをお土産に買って、帰りの新幹線でそっと取り出して余韻を楽しむのです。

☎ 〇七五－二四一－三〇二六
ⓘ https://rokuyosha-coffee.com/
㊡ 水曜日

珈琲 ワンモア

東京都江戸川区平井
五－二三－一一

「しあわせなホットケーキ」の噂を聞いて総武線に揺られ、赤く輝く看板を見つけました。注文をして待っている間のBGMは店内に響く賑やかな調理の音。バターのいい匂いとともに美しい焼き色のホットケーキと、輪切りのレモンが乗せられたフレンチトーストが運ばれてきました。

「喫茶店の主役は珈琲です」というマスターの言葉通り、珈琲は自家焙煎のこだわり。看板メニューを一通り味わったなら、青色が美しいクリームソーダやたまごサンドもおすすめです。

☎ ○三－三六一七－○一六○
ⓘ Instagram: @onemorehiraitokyo
㊡ 日曜日・月曜日

ミロ

岐阜県可児市
今渡一六一九-一八四

長い間恋い焦がれていたお店でした。マスター自らが設計したという特徴的な外観はまるで目玉のような巨大なオブジェがあしらわれ、遠くからでもすぐに発見することができます。

店内では昭和歌謡が流れ、ゼリーみたいでカラフルな照明や真っ赤なソファ、花柄の絨毯、稼働しているゲーム台など、どれをとっても昭和そのもの。

きらきらとした泡が弾けるクリームソーダや、ほんのりやさしい甘さの「エッグミルク」を味わいながら唯一無二の空間を堪能できます。

☎〇五七四‐六二‐三三三四
㊡日曜日

コラム3　喫茶店ではただぼんやりと

　喫茶店での正しい過ごし方というのは、存在しないと思います。ひとりでぼんやりするのも良いですし、静かな空間で読書に集中するのも素敵です。仲の良い友人を誘って、美味しいものを食べながらあれこれとおしゃべりするのも楽しいひとときでしょう。

　ここでは、勝手ながら私の喫茶店でのスタンダードな過ごし方を紹介します。まず、入り口付近に到着したら、見上げて看板を確認し、文字の配色やデザインをじゅうぶんに満喫します。そして扉を開けるときにはドアノブの形に注目することも忘れません。

　中へ入ったら、お店の方たちの「いらっしゃいませ」という第一声ににっこりと笑顔を返しながらも、どちらに座れば最もこの空間を堪能できるかを瞬時に判断し、狙い定めた席に腰を下ろします。

　もし、頼みたいものが決まっていたとしてもメニュー表はすみずみまで目を通します。

意識しないといつも同じものを頼んでしまいがちですが、純喫茶の良いところは、お店の方たちの個性のかたまりであるところなので、気になったメニューがあったならそれがどういうものかわからなくても挑戦してみる勇気も大切です。

無事注文を終えたら、食べ物や飲み物が運ばれてくるまでの間、しばし空想に耽ります。そこにいる数十分間だけなりたい自分を演じてみるのも面白いでしょう。

そして、頼んだものたちが運ばれてきたらゆっくりと味わいます。許可を取って写真を撮らせてもらうのも良いですが、できたてのうちに素早くささっと。おなかが満たされたなら、あとは余韻の時間です。コーヒーカップの底に残った琥珀色の模様を眺めてみたり、白いレースのカーテンの揺れる影をじっと見守ったり。

「ごちそうさまでした」とお礼を伝えて、扉の外に出たならばもう一度振り返り、いつかまた、という気持ちで軽やかに歩き出しましょう。

これが私のいつもの幸せな喫茶時間の過ごし方です。

喫茶 白鳥

東京都江戸川区南小岩七-二六-二

ふらりと訪れた小岩駅前で思いがけず素敵なお店と出会って、それから何度か訪れています。

メニューサンプルと黒い背景に白い文字の看板、顔をつき合わせた2羽の白鳥のイラストに期待して中へ入ると、喫茶店に夢中になり始めた初期に胸をときめかせた風景が広がっていました。

アーチ型の窓から見る外の景色は少し特別な感じがして、砂糖を多めに入れて甘くしたホットミルクの味を思い出すたびにまたこちらへ足が向くのです。

☎ 〇三－三六七三－九三二五
㊡ 月曜日

喫茶 エデン

兵庫県神戸市兵庫区湊町四−二−一三

長い間「いつか訪れたい」と、恋い焦がれていたお店でした。ときに好きな気持ちは募り過ぎると迂闊に踏み込めなくなる傾向にありますが、満を持して訪れたのはエデン。扉を開けるまでは緊張しましたが、一歩店内に入ると、そこは喫茶店好きにとってまさに「楽園」でした。

創業は昭和23年、神戸で最も古い喫茶店のダンディなマスターからいろいろな話を伺いながら、壁の写真や絵を眺めて丁寧に淹れられた珈琲を味わいます。メディアでも紹介された美しい断面のサンドイッチもおすすめです。

☎〇七八－五七五－一二九五一
㊡年末年始

名曲・珈琲 麦

東京都文京区本郷二ー三九ー五

本郷三丁目駅から歩いて数秒で行けるところにある昔ながらの名曲喫茶。2つの空間に分かれている店内には、開業当時の男性たちがつけていたポマードで椅子を汚さないよう白い布が掛けられた赤いビロードの椅子が並び、壁には作曲家たちの肖像画が掛けられています。優雅なクラシックが流れる正統派名曲喫茶の形を守っていて、いつもたくさんの人で賑わっています。大学が近い場所柄でしょうか、珈琲一杯がお手頃すぎる値段設定で食事のボリュームもたっぷり。こんなお店が近所にあったならと、訪れるたびに羨ましく思います。

☎〇三－三八一一－六三一五
㊡日曜日

コーヒーパーラー　ブーケ

東京都杉並区高円寺南二－二〇－二

大きな窓で外の通りから隔てられた店内を照らすのは、妖艶な紫色の光。タイミング良く誰もいない時間帯に訪れると、マスターが楽器をかき鳴らしていることもあったお気に入りの空間です。

　整然と並んだ革張りの茶色の椅子は少しかためで座るとひんやり。そっと差し出されたおしぼりのトレイが紫色でとても綺麗です。清潔に保たれて余計なものがないシンプルな空間で高円寺散策の終わりを過ごせたなら、嬉しい気持ちに。特に好きなのは雨の日に窓際の席で味わうレモンスカッシュです。

☎ 〇三-三三一五-一五七八
㊡ 水曜日

マヅラ
大阪府大阪市北区梅田一－三－一
大阪駅前第一ビル地下一階

「こちらのどこが好き？」と問われたら、「全部！」と即答するくらい、特別な思い入れがある場所。昭和の趣を残す飲食店が軒を連ねる大阪駅前ビル群の中にあって、新しくすることは難しいであろう豪華な造りに、「活きている昭和」を見ることができます。宇宙をイメージしたという店内は、開店当時は名曲喫茶だったそう。鏡に反射する光がきらびやかで、一杯の珈琲を飲み終えるまで夢の中にいるような時間を過ごせます。大阪を訪れるとまずこちらへ寄って、ひといきつくのが私にとって大切な旅の始まりです。

☎ 〇六-六三四五-三四〇〇
㊡ 日曜日・祝日

サンレモン

岡山県倉敷市児島小川五－一－一

近くまで行くと、まず目に飛び込んでくるのはレモンの巨大なオブジェ。鮮やかな黄色が目を刺激します。店内に入るとソファや椅子も淡い色で統一されていて、赤い照明がアクセントに。よく見ると窓には流水装置が施されており、涼しげな水がサラサラとガラスを滑り下りていきます。

そんな清々しい店内でいただくのはピエロフラッペ。ふわふわのかき氷の上には果物で作られたかわいらしい顔。さらにソフトクリームのコーンの帽子をかぶっておめかし。食べてしまうのがもったいないかわいらしさです。

☎〇八六－四七二－五二八一
㊡木曜日・金曜日

カトレア

東京都港区新橋二－一六－一
ニュー新橋ビル三一五号

近いうちに解体の話があるニュー新橋ビルの3階には、オーナーが好きな空港のラウンジをイメージして作られたというのびやかな空間が広がります。
中央には、喫茶店には珍しいグランドピアノが置かれていて、その周りを囲むようにクリーム色で統一されたまるいテーブルとゆったりとしたソファが並びます。
夜に訪れると、特徴的な模様の窓格子越しにたくさんのネオンが煌《きら》めいて、まるで空へ飛び立つのを待っているよう。現実離れした気分で珈琲を飲める貴重なお店です。

☎〇三－三五〇四－一二〇〇
㊡土曜日・日曜日・祝日

喫茶 ローヤル

東京都千代田区有楽町二-一〇-一
東京交通会館地下一階

上の階には少し前まで回転する展望レストランがあった東京交通会館。ビル自体が昭和の空気に包まれているその地下で、ローヤルは50年もの間営業しています。妖艶に光る入り口のシャンデリアに手招きをされて、いつも吸い込まれるように店内へ。

　控えめな明るさの照明が醸し出す落ち着いた雰囲気から、誰かと待ち合わせをしていて相手が遅れていたとしても、時間が気にならずいつまでもぼんやりと待っていたいと思ってしまう居心地の良さ。

　厚さに驚くハニートーストがおすすめです。

☎〇三－三二一四－九〇四三
㊡なし

マッチコレクション1

私は愛煙家ではありませんが、喫茶店のオリジナルのマッチが大好きです。ここには、残念なことにすでに入手不可能なものも。

人形町・レモン

青森・モナリザ

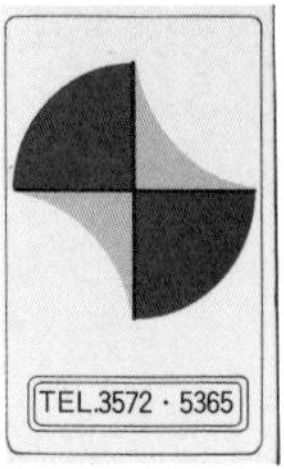

新橋・パーラーキムラヤ

阿佐ヶ谷・ヴィオロン

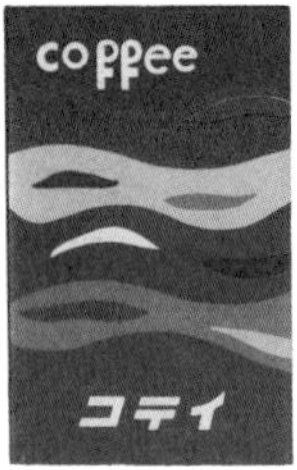

山口・コテイ

池袋・タカセ

阿倍野・アコオ

秋葉原・アカシヤ

上田・綿良

二条・チロル

駒込・アルプス

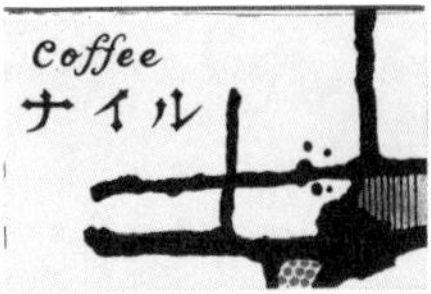

武蔵小山・ナイル

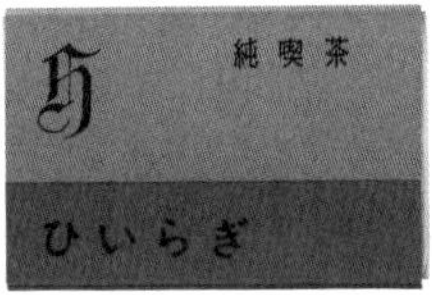

鹿沼・柊

国立・邪宗門

神田・エース

新橋・いまあさ

新開地・エデン

北千住・サンローゼ

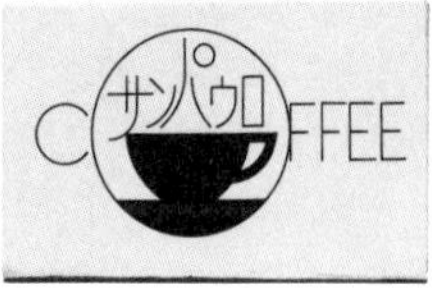

野毛・サンパウロ

築地

京都府京都市中京区河原町通
四条上ル一筋目東入ル

誰もが圧倒されるような重厚な外観と入り口に敷き詰められた色とりどりのタイル、高級感溢れる調度品の数々……。

昭和9年創業、ハイカラだった初代によるこだわりがまるで美術館のような気品高い空間を造り上げ、その中で喫茶時間を堪能できます。

名物は「京都で初めて提供した」と言われているウインナー珈琲。生クリームを泡立てるときに砂糖は入れず、代わりに角砂糖を2つ添えて出すのが、当時から変わらないスタイルです。一緒に注文したいムースケーキもクラシカルな美しさ。

☎〇七五-二二一-一〇五三
㊡なし

パーラー　キムラヤ

東京都港区新橋二-二〇-一五

新橋駅前ビル一号館　地下一階

「パーラー」の文字、入り口に並べられたメニューサンプルの味わい、赤と白のモダンな配色の椅子、店内中央にある熱帯魚が泳ぐ水槽、かつて配布していたマッチ箱と同じデザインの壁。目に映るすべてのものが夢のようなバランスでそこにあるのです。

輪切りのゆでたまごの乗ったミートソースや売り切れてしまうことも多い自家製のプリンにも惹かれますが、フルーツパフェもおすすめ。駅改札からつながっている地下街にあるため、雨の日でも濡れずに純喫茶メニューを楽しむことができるのも助かります。

☎〇三ー三五七三ー二一五六
㊡日曜日・祝日

純喫茶　モデル

神奈川県横浜市中区吉浜町一－七

「純喫茶」と看板に書かれたその名にふさわしく、昭和の空気感がそのまま残っている店内は映画やドラマのロケ地に選ばれることもしばしば。本物のレンガを使っているという間仕切りやクリーム色のソファ、イタリア製のタイルが敷き詰められたテーブル、開店当時から使用しているレジスターなど、そのひとつひとつが愛しい。

どのメニューも魅力的ですが、特筆すべきはなんといってもクリームソーダ。メロン、コーラ、ジンジャーエールの3色が楽しめます。コースターのデザインも秀逸。

☎〇四五-六八一-三六三六

㊡水曜日

KEN コーヒー&パブ

東京都小金井市前原町三-四〇-二〇
小金井ビューハイツ一階

店の前には季節の花々が咲く、何度も通いたくなる素敵な純喫茶と出会いました。開業当時のイギリスの布を使用しているというタータンチェックの壁やドイツ製の照明、ビロードの赤い椅子に思わず目が惹かれます。

ダンディなマスターが作る食事メニューにはピラフやサンドウィッチのほかに、お茶漬けやおにぎりも。特に、想像と違う形で現れたハンバーガーはおすすめ。しっかり炒められたボリュームたっぷりのナポリタンやサービスで出してくれたきんぴらもとても美味しかったです。

☎ 〇四二-三八四-一〇三二
㊡ 日曜日

ボンネット

静岡県熱海市銀座町八－一四

古くから営業しているバーやレストランなどが建ち並ぶ熱海銀座商店街のロマンス座近くに佇むボンネットは、三島由紀夫や谷崎潤一郎などが通っていたことでも有名な異国情緒溢れるお店です。

自らも音楽を生業としていたマスターが選ぶセンスのいい音楽が流れる空間でいただくハンバーガーやチキンバスケットの味はハイカラで格別。コーヒーカップのソーサーに描かれた女性もかわいらしく、自宅でも使用したいほど。今は使用されていない2階席を見上げて往時に思いを馳せるのも。

☎〇五五七－八一－四九六〇
㊡日曜日

新宿らんぶる
東京都新宿区新宿三－三一－三

新宿に行くたびに訪れている心躍る空間。繁華街の真ん中にこんな寛げる空間があるということを誰かに教えたくなります。
２００席を有する地下フロアは、まるで映画で見たような舞踏会会場みたいに広く、張り替えながら大切に使用されている赤いベロアの椅子でボリュームのあるパフェを。
毎日の暮らしにちょっとした潤いを与えてくれるのはこういうお店なのでしょう。訪れるたびに座る席を変えると見える世界も新鮮。裏メニューのミルクセーキもおすすめです。

☎ ○三－三三五二－三三六一
㊡ なし

マッチコレクション2

入谷・キャラバン

千石・フェニックス

熊本・ビギン

熱海・くろんぼ

鹿沼・ニュー平和

御茶ノ水・ミロ

高田馬場・エスペラント

新宿・らんぶる

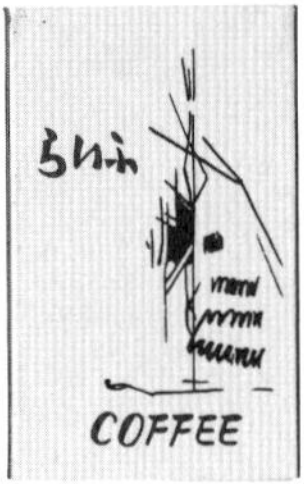

月島・ライフ

阿佐ヶ谷・プチ

箱根・マイアミ

東日本橋・ドラ

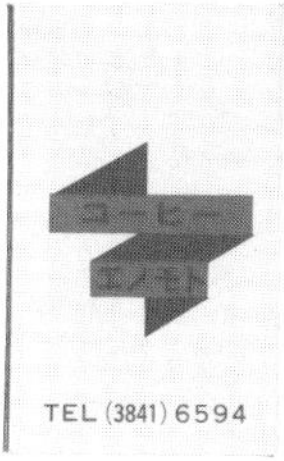

浅草・エノモト

高円寺・ネルケン

浅草・モンブラン

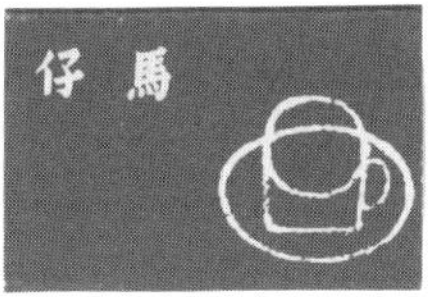

十条・仔馬

月島・ふるさと

新橋・花

恵美須町・ブラザー

喫茶 ライフ

東京都中央区月島三－一一－六

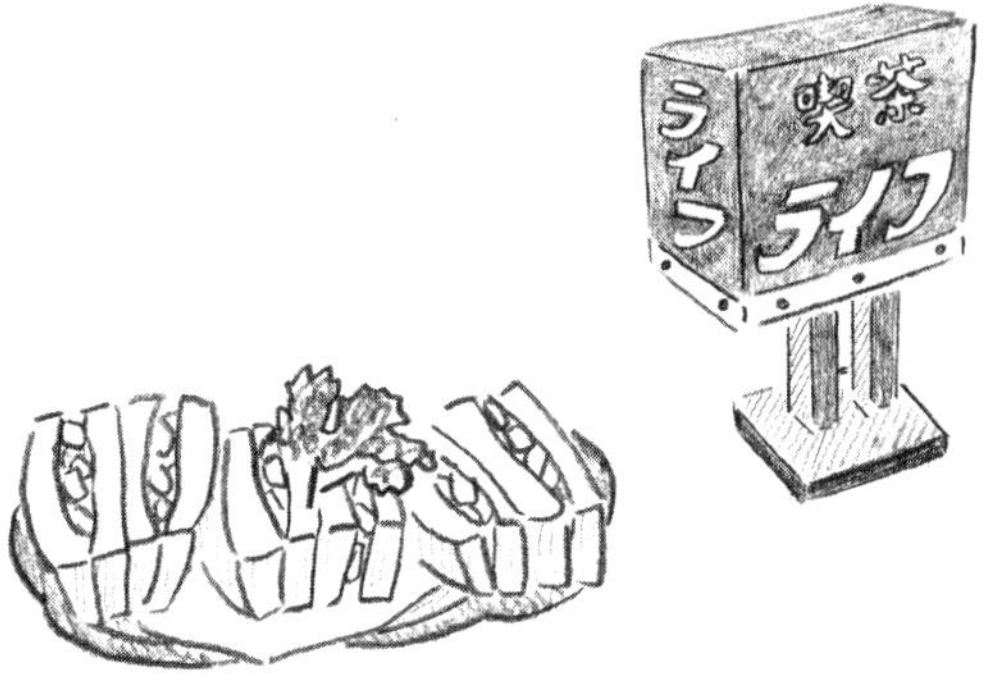

喫茶ライフ＝「喫茶生活」。何て素敵な店名なのでしょう。初めてお邪魔して以来、月島へ出かけるときはもんじゃ焼きを食べに行くよりもこちらで過ごす時間が目当てになりました。いつもやさしく迎えてくださるお店の方たち、思い思いに過ごす人たち、模様の入った扉のガラス、使い込まれた飴色のソファ、壁のメニュー板、店内の真ん中を仕切る植木鉢たち、大理石のテーブルに映えるたまごサンド、クリームソーダを彩る赤いさくらんぼ……。私が喫茶店へ行く理由がここにはすべて揃っているのです。

☎〇三－三五三一－一六五九
㊡隔週日曜日

レモン

東京都中央区日本橋人形町一-七-七

何度訪れても、いいえ、訪れた回数だけ、ますます好きになってしまうお店があります。例えば人形町のレモンもそうでした。

２０１２年に改装されましたが、コの字型の白いカウンターは以前と同じ。中に立つのはマダムから2代目に変わりました。昔どこかで見たような懐かしさを覚えるメニュー看板を眺めて、カレーライスやタマゴトーストを「ソーダ水」と一緒に。「ごちそうさまでした」と言って扉を開けるときに、ふわりと揺れたレモン色のカーテンは今もそこに。何度訪れても「完璧」に素晴らしいのです。

☎ 〇三－三六六六－二九八三
㊡ 土曜日・日曜日・祝日

喫茶 有楽
東京都台東区浅草橋一－二－一〇

黒色のガラス越しに緊張しながら初めて中を覗いたとき、その素晴らしさに思わず声が出てしまいました。
店内は、3つに区切られています。入り口付近の赤い椅子が並ぶ空間、昔は薬屋だったという奥のモダンなソファで寛げる空間、キッチン近くの銀色の鉄棒がぐるりと周りを囲む円形の椅子がある空間。その日の気分で「どこへ座ろうか」と選べる楽しさも。
家族経営のアットホームな雰囲気が魅力的で、2代目がお店に立つようになって増えた美味しい食事メニューも人気です。

☎〇三‐三八六一‐九五七〇
㊡日曜日・第2第3土曜日

アロマ珈琲

東京都中央区八重洲二―一
八重洲地下街中四号

あまりにも広大でいつも迷子になってしまう東京駅の地下街。何度も通っているアロマは長い間変わらない姿でそこにあるので、見つけるとほっとします。初めて訪れたときに座った端の席が好きで、今でも空いているとそちらへ。透明のガラスのおかげで通路を行き交う人たちの忙しない足元を見られるのも楽しいのです。

喉の渇きを癒やす少し酸味の強いアイスコーヒーは銅のカップで運ばれてきてひんやり。珈琲を保管するための黄色い缶は集めたマッチ箱を入れるのにもおすすめです。

☎ 〇三‐三二七五‐三五三一
㊡ なし（八重洲地下街が休みの元旦のみ休）

名曲&珈琲ひまわり

青森県弘前市坂本町二

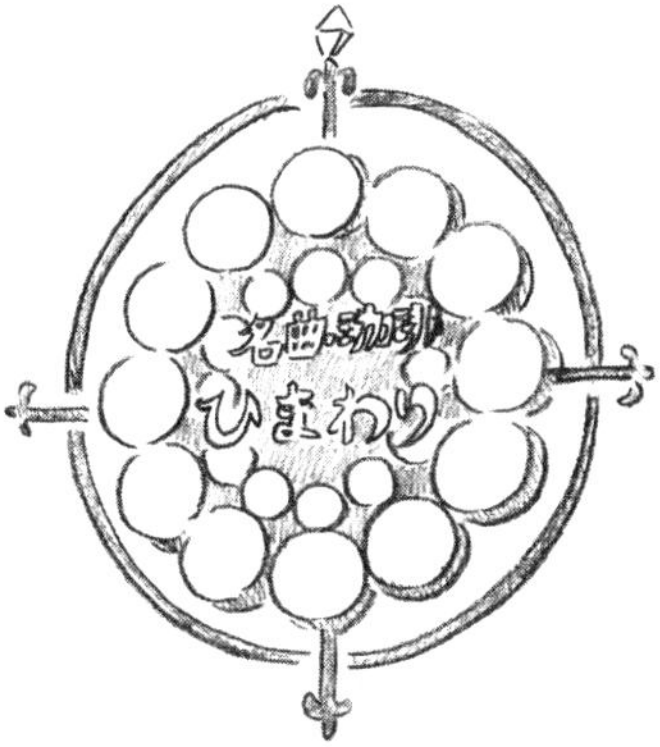

「珈琲の街」として知られる弘前で出会ったのは、程よい音量でクラシックが流れる老舗の名曲喫茶でした。初めて訪れたのは、偶然にもこの美しい喫茶店の誕生から53年目の記念すべき日。

隠れ家のような雰囲気の1階席も、天井が高くて開放感のある2階席も、ただそこに座っているだけで心地良く、この瞬間がずっと続いたなら……と思ってしまうほど。

いくつでも食べられてしまいそうな自家製ミートパイは名物の「藩士のコーヒー」と一緒に。

☎〇一七二-三五-四〇五一
㊡木曜日

珈琲駅 ブルートレイン

富山県富山市鹿島町一-九-八

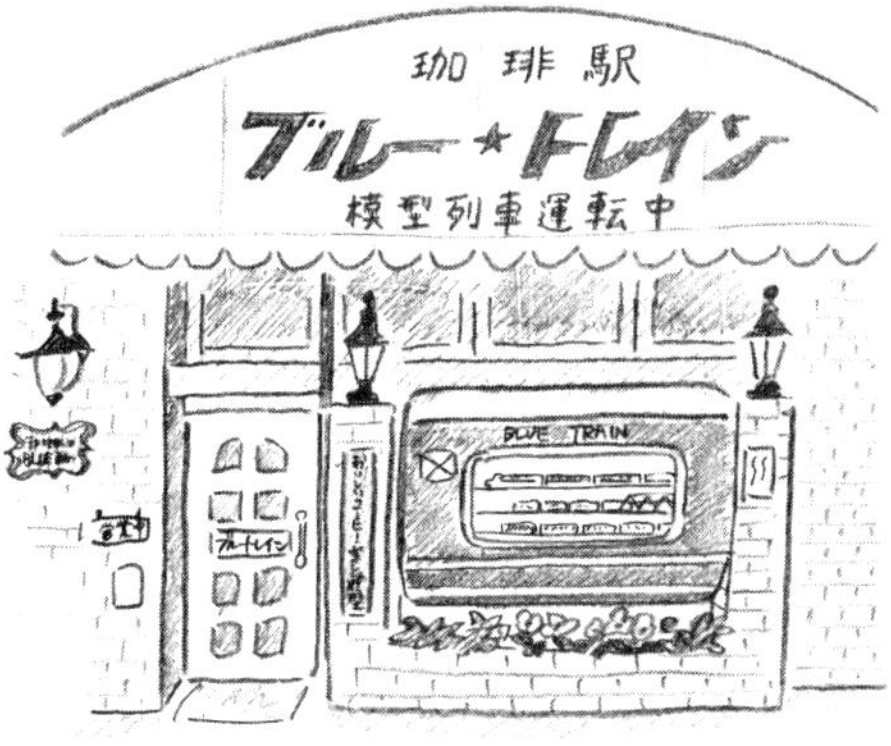

「ブルートレイン」という名の通り、外観から内装まで鉄道への愛に満ち溢れたお店です。シェードには「珈琲駅」「模型列車運転中」というときめく文字が。

蒸気機関車のボックス席をモチーフにした店内では、マスターが組み立てた鉄道模型が日替わりでぐるりと駆け巡ります。気軽に遠出できない時でもこんなお店が近くにあったなら、空想旅行へすぐに。

メニューにある三色トーストは味の違うジャムによって、信号の色を表しているそう。鉄道ファンならずとも無邪気にはしゃいでしまうひととき。

☎〇七六－四二三－三五六六
㊡火曜日

珈琲屋　からす

千葉県習志野市津田沼五－六－一七

京成津田沼駅から少し歩いた市役所の近くにある一軒家の洋館。洒落た外観に目を惹かれて近寄ってみると「からす」という珍しい名前の喫茶店でした。出迎えてくれたのはやさしい雰囲気をまとったお店の方と大きなトーテムポール。思わず見惚れてしまう入口近くのアーチを描く大きな窓とつやつやの赤い椅子。こちらでは、クラシックに耳を澄ましながら本のページをめくって静かに過ごすのが似合います。注文を受けてから丁寧に淹れて下さる珈琲を口に運びながら、窓ガラスの向こうで咲くバラの花を眺めてぼんやりするのも。

☎〇四七－四五四－〇三三三
㊡日曜日・祝日の午後

コースターコレクション

クリームソーダやアイスコーヒーを頼むと、一緒に出てくるコースターが楽しみ。オリジナルならば、お土産にもらって帰ります。

淡路町・ショパン

南千住・バッハ

成城学園前・シュベール

神保町・ラドリオ

鎌倉・扉

学芸大学・マッターホーン

新橋・アーニー

日本橋・ミカドコーヒー

錦糸町・デリカップ

河原町・ソワレ

日本橋・東洋

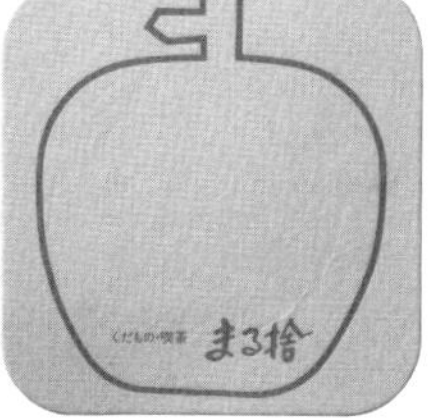

祇園・まる捨

珈琲専門店 珈里亜

東京都杉並区荻窪五－二七－六
中島第一ビル二〇二

誰かの喜ぶ顔が見たいときは、こちらを思い出すでしょう。この駅を通り過ぎるときに、中央線の窓から見ていた風景に繋《つな》がる扉を開けたのは、何ということのない日の夜でした。窓際の特等席で何気なく注文したクリームソーダは、なんと綺麗な水色！　透き通った空色のソーダ水に浮かぶアイスクリームの白い雲は、一瞬でしあわせな気持ちになれる魔法。光に反射する美しさにいつまでも見惚れてしまいます。視線の先で流れていく電車はまるでオレンジソーダとレモンソーダのよう。そんなことを考えながら黄昏れるひととき。

☎ 〇三－三三九三－一一三六
㊡ 不定休

コーヒー　ロン

東京都新宿区四谷一－二

それまで馴染みのなかった四ツ谷駅で頻繁に下車するようになったのはロンと出会ってから。建築を学ぶ人たちも見にやってくる石造りの細い入り口をすり抜けると、吹き抜けのある珍しい構造になっています。らせん階段をぐるぐると上がって、1階席を見下ろせる2階席が私のおすすめ。
　作家の井上ひさし氏も好んだふわふわのたまごサンドと、自家製ネルを使用して淹れられる珈琲がこちらの自慢の味。誰かと約束をしてぼんやりと待っていたいと思う大切な場所です。

☎〇三-三三四一-一〇九一
㊡土曜日・日曜日・祝日

珈琲 るぽ
東京都清瀬市中清戸五－二〇一

遠方からもたくさんの人がやってくるこのお店は、青い屋根が印象的な大きな一軒家の洋館。何度もテレビドラマのロケ地に使用されているという店内は、天井が吹き抜けになっており、まるでロッジのよう。

この日座ったのは小窓から光が差し込む2階席。照明を抑えた空間は秘密の屋根裏部屋みたいでときめきます。自家焙煎だという珈琲のいい香りが上の階まで漂ってきて、思わずうっとり。

ミルクとコーヒーがキレイに分離した「ブランエノワール」とフレンチトーストは見た目にも美しく絶品。

☎〇四二－四九一－九〇二〇
㊡日曜日

珈琲苑　水車

大阪府大阪市阿倍野区阪南町五－二一－九

正面の入り口は重厚感のあるレンガ造りの洋館風で、裏は三角屋根がかわいいロッジのような入り口。
長細い空間ゆえに外観だけで2つの雰囲気が味わえる水車は、店内も圧巻の造り。天井にはステンドグラスがあしらわれ、赤いベロアのソファが並び、2階へ上がる華やかな柄の階段の頭上から吊り下がる球体スピーカーなどそのすべてが空間を引き立たせます。
おすすめは小ぶりな鉄板で運ばれてくるイタリアンスパゲッティ。最後まであつあつを楽しむことができます。

☎ ○六－六六二四－四七二一
㊡日曜日

サンバード

静岡県熱海市東海岸町二ー一五

年に1～2度足を運ぶ大好きな街、熱海。そのたび必ず立ち寄るのがこのお店です。海のすぐ近くにあり、潮の香りが運ばれてきそうなロケーションで、晴れた日には大きな窓から差し込む光もきらきらと。開放的な気分でいただくクリームソーダやプリンは、いつもとは違った美味しさ。家族で営むアットホームな雰囲気も居心地の良さのひとつ。

　寒い時期に訪れて、少し寂し気な海とあたたかい珈琲の組み合わせを楽しんでみるのもまた乙なものです。

☎ ○五五七-八一-三六六七
ⓘ https://n980308.gorp.jp/
㊡ 水曜日・月1回木曜日

エトワル

山口県防府市天神一－三－六

こちらで過ごすためだけに今すぐ列車に乗りたくなります。品のあるベージュの椅子たちに、時を経て艶を増した木の手摺り、席間を区切る美しい鉄の衝立、窓際の透けるカーテン、壁に飾られた東郷青児氏の絵画たち……。

数年前に念願叶って初めて訪れたとき、その美しい空間を目の当たりにして「恋とはこういうことだ」と頭の中で何度も呟いてしまうほどでした。

特にふわふわのタマゴサンドは思い出すたびにお店へ飛んでいきたくなるほどの美味しさ。

☎〇八三五-二二-七一〇七

㊡月曜日

珈琲の店 雲仙

京都府京都市下京区西洞院綾小路下ル

京都・四条駅から少し歩いた静かな通りに、日曜日にだけ明かりが灯るお店があります。創業昭和10年、一般企業に勤めながら切り盛りするのは3代目。

数あるメニューの中でも特に人気があるホットケーキは、2枚で5センチ以上あって分厚くてふわふわ。試作時に何軒もの気になるお店を食べ歩いて研究したというその美味しさの秘密はぜひお店で尋ねてみてください。

山椒の効いたカレーや軒先で焙煎する珈琲もここだけの味。

☎ ○七五－三五一－五四七九
ⓘ https://www.facebook.com/unzenkyoto
㊡ 月曜日～土曜日（日曜日のみ営業）

ナプキンコレクション

オリジナルナプキンもどんどん少なくなっています。少しばかりシワが入っても、捨てることができません。大切な思い出。

駒込・ボンガトウ

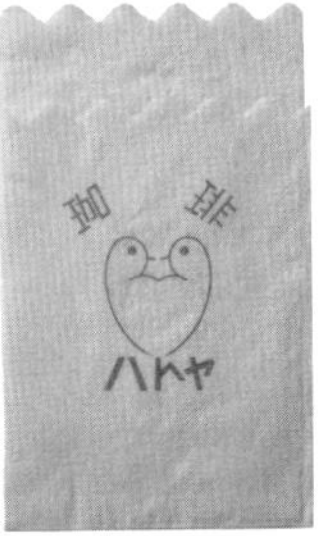

蔵前・ハトヤ

国立・邪宗門

仙台・エビアン

東梅田・珈琲の辞書

池袋・タカセ

日本橋・東洋

川治湯元・論談館

流山・珈琲屋OB

上野・上野精養軒

鶯谷・花の音

三越前・木屋

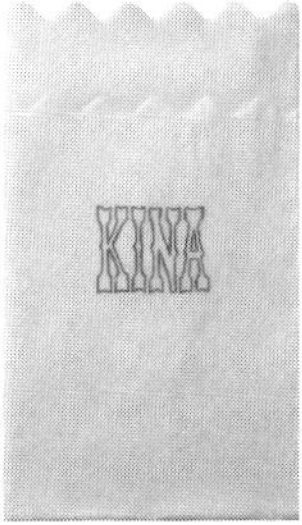

六本木・貴奈

北野白梅町・クリケット

西新井・シルビア

阿佐ヶ谷・gion

松本・珈琲美学アベ

三条・イノダコーヒ

古瀬戸珈琲店

東京都千代田区神田小川町三－一〇
江本ビル 二階

入り口へたどり着くまでの階段から、アリスの世界をイメージしたインテリアが特徴のお店。壁に貼りつけられた陶板や店内に飾られた特製の花瓶、大きな棚にずらりと並ぶコーヒーカップは選ばせてもらえるなど、お店のすみずみにまで思わず笑顔になるようなユーモアがのぞきます。何度でも食べたいシュークリームは、かわいらしい動物たちも一緒に運ばれてきます。リス、ねこ、犬、象、蟻など、どの動物に出会えるかも毎回の楽しみです。

☎ 〇三‐三二三三‐〇六七三
ⓘ Twitter: @kosetocoffee_2F
㊡ 不定休

ルネッサンス

東京都杉並区高円寺南二－四八－一二
堀萬ビル地下一階

ずっと昔からここにあったように馴染んだインテリアたちが、以前中野にあった伝説ともいえるお店から引き継いだものだと気がついたのは、名曲に耳を澄ませ、珈琲を一口飲み、「クラシック」にあった黄色い看板が視界に入ったときでした。レジで飲み物を選んで先に支払いをし、食べ物の持ち込みは自由という独特なシステム。閉店の知らせが悲しかった名店が生まれ変わり、今ここで呼吸していて、今後も続いていくであろう幸せ。本棚から一冊手に取ってのんびりとページをめくる時間の至福。

☎ 〇三-三三二五-三三二〇
ⓘ Twitter: @renaissance2007
㊡ 月曜日・火曜日

赤煉瓦
広島県呉市広本町一−一一−一三

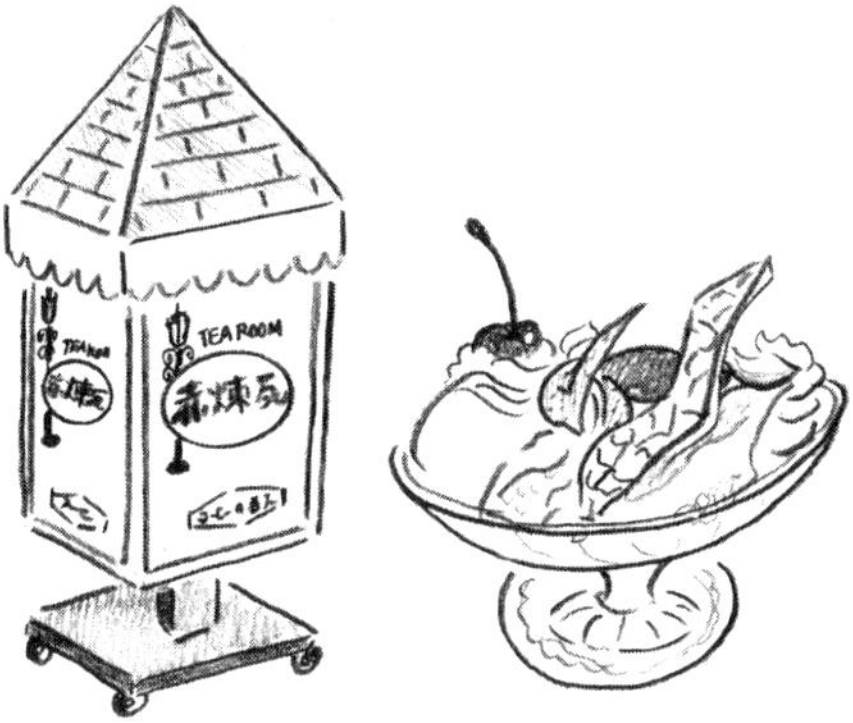

入り口から想像するよりずっと広い店内には噴水があり、美しい鯉たちが優雅に泳いでいます。かつてこの水場にはペンギンが2羽いたとか。隣になぜか置かれているは、巨大な象のオブジェやアーチ型の間仕切りは、誰かが異国を旅してきたあとのお土産たちを眺めているような気分にさせてくれます。

食事でおすすめなのが名物となっている「アンドレ」というメニュー。珍しい組み合わせのドリアで、スパイシーなドライカレーとホワイトソースがマッチして癖になる味です。

☎〇八二―二三―七一―七八七五
㊡水曜日・木曜日

神田伯刺西爾《ブラジル》

東京都千代田区神田神保町一－七
小宮山ビル地下一階

有名な純喫茶が多数ある神保町界隈で、最も足を運ぶのは、東京で一番好きな珈琲を飲める神田伯剌西爾。こぢんまりとした禁煙席、囲炉裏もある喫煙席と2つの空間が。

　珈琲代は喫茶店への入場料と考えていて、さまざまなお店の味の個性も楽しみの一部ですが、やはり自分好みの珈琲に出会えると嬉しいもの。サイズのちょうど良いケーキをお供に注文するのは、だいたいマンデリンかペルー・チャンチャマイヨ。BGMのない静かな空間で琥珀の雫と向き合うひとときを。

☎〇三-三二九一-二〇一三
㊡なし

喫茶 ロマン

東京都新宿区高田馬場二－一八－一一
稲門ビル中二階

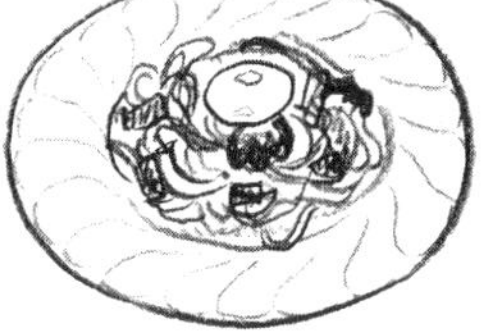

その店名から連想するキーワードを思い浮かべて遊びながら2階にある入り口まで上がります。階段の途中にある印象的な文字の看板や、味わいのあるサンプルケースにも心が躍るロマン。

ステンドグラスを思わせるかわいらしいシールで飾られた窓際のソファ席に座り、ぽってりとしたグラスでアイスコーヒーを飲む時間の幸せ。賑やかな街並みを眺めたり、置いてある漫画をひたすら読みふけったりするのも良いでしょう。おなかが空いたなら名物の「ロマンスパゲティ」がおすすめ。

☎ 〇三－三二〇九－五二三〇
㊡ なし

スナック喫茶 くろんぼ

静岡県熱海市咲見町三ー一

熱海駅から海へ向かう坂道の途中に現れる「くろんぼ」。一階は妹、地下は姉と、姉妹で営むお店です。木の手摺りを頼りに石造りの壁沿いにわくわくする階段を下った先には、昭和の趣をそのままに残した暖色の空間が広がっています。訪れた人の心に残る素敵な話をしてくださるマダムは素敵なドレスに身を包み、いつお会いしてもエレガント。店内にはお好きだという花が季節に合わせて飾られています。熱海の街を愛し、遠方からやってくる人たちのことをいつも嬉しそうに迎えてくださるあの笑顔にまた会いたくなるのです。

☎〇五五七-八二-二六二七
㊡なし

マロニエ

栃木県日光市鬼怒川温泉一四〇七－二

花柄の壁、赤いベロアのソファ、果物と少女のステンドグラス、アールヌーボー調の照明、レースのカーテンの隙間からもれるやさしい光……。思わず声をあげたくなってしまう美しい空間のデザインはマスターによるもの。即席なものではない、時間の厚みを感じるのです。

早めのお昼を美味しそうに食べるマダムたち、窓際の席で紫煙をくゆらせる老人、ひとときここに集まった旅人たち、とすべてが完璧。こちらへ来るために東京から片道3時間ほど電車に揺られるのも悪くない、と思わせてくれるお店です。

☎〇二八八‐七七‐〇四九四
㉁水曜日

甲州屋

長野県上田市中央二-二-一四

廃線になる予定の列車に乗るために出掛けた上田で一番印象的だったお店です。元々は生活雑貨を販売していたためか、街に溶け込んでいて派手さはない外観ですが、その分、中へ入ったときの喜びはひとしおでした。大きな窓に掛けられた黒いレースのカーテンや、光沢のある飴色の椅子、床の模様、綺麗に並んだパフェグラス、席の間隔までもが好みで、しばらく見惚れてしまいました。常連客が留守番をする店内へ戻ったマスターにレモンスカッシュを注文。宝箱のような空間を非日常の視線で見渡し、幸せな旅のひととき。

☎〇二六八－二二－〇〇〇一
㊡火曜日（不定休あり）

パスカル青山

愛知県名古屋市緑区浦里三－三二八

白と緑を基調とした爽やかな外観に惹かれながら中に足を踏み入れると、大浴場で見かけるようなデザインの石造りの床、緑色のソファ、窓辺で揺れるレースのカーテン……と、次々に美しいものたちが目に飛び込んできます。

特段、光り輝いているのは左側の壁一面に飾られた太陽のモチーフ。メキシコをイメージして作られたそう。3種類あるクリームソーダは、メロン味、オレンジ味、コーラ味。地元の方に混ざって、いつも朗らかに迎えてくださるマダムの笑顔に癒やされながら飲む一杯。

☎〇五二-八九一-五一五八
㊡日曜日

コラム

喫茶店の呼び名

泉麻人

喫茶店の呼び名もいろいろとある。ちなみにこの呼び名は、エリーゼとかロイヤルとか白十字とかクラウン……といった店名そのものではなく、上（もしくは下）に付く種名のこと。喫茶、カフェ、CAFE、カフェテラス……ああいった肩書きの諸々だ。

たとえば、この本で主に紹介されているような、なつかしい昭和レトロムードの店を、近頃は漠然と〝純喫茶〟と呼ぶ傾向があるようだけど、僕の若い頃は〝純喫茶〟というと、ただ古めかしいのではなく、ちょっと隠微（淫靡といってもいい）なイメージがあった。〝純喫茶〟と銘打った店はだいたい駅裏のような所にあって、店内は全般薄暗く、床にエンジ色のジュウタンなんかが敷きつめられて、所によっては横並びの同伴席が用意されていた。〝同伴喫茶〟と堂々と看板に謳った店もあったけれど、純喫茶の〝純〟に逆の〝不純〟を連想しがちだった。

尤も、そもそも〝純喫茶〟というのは、昭和の初め頃、カゲキなエロっぽいサービスをする女給（ウェートレス）をウリモノにした下品なカフェー（こちらは〝音引き〟を入れた方が気分だろう）が大阪から広がってきたときに、ウチは純粋な喫茶店……という意味合いで発祥した呼び名らしい。その後、ウェートレスを看板にした店のなかには〝美人喫茶〟と銘打つ所も現れて、僕が学生の頃まで歌舞伎町あたりでその看板を見掛けた。

そう〝純喫茶〟といえば、六本木交差点のアマンドの並びに「純喫茶マイアミ」と看板を掲げていた店が、70年代終わりのスペースインベーダーブームの折、いきなり「インベーダー喫茶マイアミ」と改名したときは軽いショックを受けた。

僕がけっこうグッときてしまう呼び名の1つに〝パーラー〟というのがある。パチンコ屋のパーラーとは違って、このパーラーの元はフルーツパーラー。本郷の東大の向かいの横道に「万定」という大正時代創業の古い店があるけれど、ホットケーキで知られた神田須田町の「万惣」と同じく、青果商が始めた喫茶店に多い。よって、コーヒーや紅茶とともに生ジュースがメニューにあって、昔ながらのミキサーがカウンターに置かれていたりする。パーラー系の店のガラス張りの冷蔵庫にオレンジやバナナ、コーヒーゼリーやプリンを眺めるのも愉しい。

漢字綴りの〝～珈琲店〟という屋号も好みだ。神戸の「にしむら珈琲店」、大阪の「丸福珈琲店」(最近は全国展開していますが)、京都のイノダは「イノダコーヒ」が正式のようだが、なんとなく関西の老舗喫茶の印象がある。

そう、京都には「フランソア喫茶室」という名店もあるけれど、〝喫茶室〟という語感もいいいんだよね。わざわざ看板を出すまでもなく、大きな洋菓子店が傍らに設えた、ケーキや珈琲が味わえるスペースをよく〝喫茶室〟と呼んだ。僕が幼い頃の不二家数寄屋橋店は、1階の菓子売り場の上に確か茶色っぽいシェードのかかったドアを押して入る喫茶室があって、そこでプリンアラモードとかチョコレートサンデー的なものを親に食べさせてもらった。

しあわせなバニラエッセンスの香りが漂っているスペース……あれこそが〝喫茶室〟のイメージなのである。

かつて愛された名店たち

惜しまれつつもその歴史に幕を閉じてしまったたくさんの名店たち。なくなってしまっても、あの場所で過ごした思い出がいつまでも色褪せないように。出会って好きになって、何度も通ったお店たちの記憶を記しておきたいと思います。

ペルル

東京都千代田区

「時代の流れで喫茶店もいつかはなくなる。自分も消える。そしてあなたもね」と豪快に笑うマスターの言葉が印象的だった閉店間際に訪れた日のこと。

　オフィス街の中心にあった、素敵な昭和空間を楽しめるオアシスでした。お昼時には近くのサラリーマンの憩いの場として賑わい、夕暮れ時に行くと落ち着いた雰囲気を味わえました。あたたかみのある橙色の灯りの下、モダンな椅子に座ってひと休みしたあの時間は今でも大切な思い出です。

喫茶室 サンローゼ

東京都足立区

北千住の駅を出てすぐにあったゴージャスなお店。タイルで作られた大きな木のオブジェを眺めながら白い階段を上った先には驚くほど広い空間が。中央には噴水もあり、スペースごとに椅子の種類が違って色合いも雰囲気もがらりと変わるので、何度訪れても楽しむことができました。

珈琲へのこだわりも強く、豆は富士山の麓で熟成させたものを使用していました。北千住に降り立つたびに、もう一度あの珈琲を飲めたならと思いを募らせています。

コーヒー 太郎

東京都品川区

メディアでもたびたび目にする有名で大きな商店街途中のスーパーの2階に上がると、そこには昭和の空気が流れる広いお店がありました。行き交う人々を眺めながら珈琲をすすり、至福のときを過ごしたのがつい昨日のことのよう。漫画を読みながら待っていると、近付いてくる美味しそうな香り。炒めた麺がどこか懐かしい太郎のミートソースが大好きでした。どこかでミートソースの匂いを嗅ぐと、今でもちらりと太郎のことを思い出すのです。

みゆき
東京都足立区

それまで馴染みのなかった北千住を好きになったのは、最初に出会ったお店がここだったからかもしれません。カラフルなシールのエンゼルフィッシュたちが泳ぐ大きなガラスの窓、年に一度磨きあげられていたまばゆいシャンデリア、そして使い込まれた黒の革張り椅子とクラシカルな形のテーブルに何度も癒やされていました。映画の撮影にも使われるほど美しかった特徴的なカウンターを思い出すと、今でもうっとりとしてしまいます。

COFFEE LODGE DANTE

東京都杉並区

居酒屋がひしめく賑やかな小道にあったDANTEは、私が西荻窪で最初に入った喫茶店かもしれません。それ以降も、マスターのお人柄と珈琲の美味しさに引き寄せられて、いつも寄り道をしていました。小さめのチーズケーキと苦みの強い珈琲の相性は抜群で、何度食べても新鮮な美味しさを味わうことができました。特にお気に入りだったのは暖炉とドライフラワーのある奥の席。叶うことならば、時間を巻き戻してもう一度あの空間を堪能したいです。

グリーンヒル

東京都武蔵野市

初めて訪れたときは、すごい喫茶店があるものだと驚きました。落ち着いた色合いの店内には、マスターが旅をするたびに持ち帰ってきた貴重な骨董品が絶妙な配置を成し、まるで美術館のような空間が広がっていました。門の向こうで慎ましく開かれていた入り口はまるでタイムワープへの扉のようで、街の喧騒を忘れてしまう静けさでした。「もしもここが自分の部屋だったら……」なんて妄想をしながらいつも佇んでいたものです。

ナルビ

東京都荒川区

京成電鉄新三河島駅のホームから外を眺めていたときに視界に入って思わず下車し、出会ったお店でした。入り口から想像するよりずっと広い店内には、つやつやとした茶色の椅子がお行儀よく並び、カウンター上に吊された3色ランプやレース編みのような間仕切りなど、細部にまでこだわったレトロモダンな内装が印象的でした。
手際良くたまごサンドを作りながらよく笑うマスターと楽しくお話したのもいい思い出です。

コーヒースタンド キャット

東京都江東区

亀戸駅のホルモン焼き屋が建ち並ぶ小さな路地にあったお店。控えめな灯りと青色の椅子、カウンターの中でにっこりと微笑むマダムの様子が、まるで映画のワンシーンのようでした。

扉の店名とメニューはマスターによる手書きのもので、味のある文字はこちらの雰囲気をより洒落たものにしていました。疲れた身体にちょうどいい甘さのアイスコーヒーと、ふわふわなパンのホットドッグをもう一度味わいたかったです。

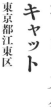

柊

栃木県鹿沼市

予定の詰まっている旅の途中でも思わず寄り道をしてしまうのはこんな喫茶店を見つけたときです。日常にあるお店とは違って、次にいつ訪れることができるかわからないので、大抵の場合は時間に追われていたとしても入らずにはいられません。こちらの扉を開けたとき、やはりその決断は正しかったと心の中で呟きました。やさしい色合いの店内は、窓から差し込む光がカーテンとともに揺れて、ゆらゆらとやさしかったのを鮮明に覚えています。

柏水堂

東京都千代田区

美しいステンドグラスで彩られていたこのお店に、数えきれないほど足を運びました。手土産が必要なときは、誰もが喜ぶこちらのお菓子を買いに出かけて、帰りには喫茶室へ寄って自分のための贅沢をしたのでした。名物のかわいらしいプードルケーキは、もったいなくてなかなか食べられず、お皿の上のワンちゃんとしばらく見つめあったものです。見た目だけでなく、最高級の材料を使用した正統派の洋菓子は本当に美味しかったので今でも恋しくなります。

キッサドラ

東京都中央区

暑さから逃げるように飛び込んだ喫茶店。窓際の席から、夏のまぶしい光を珈琲の琥珀色越しに見つめたその美しさに、ここへ来て良かったとひとり満足した記憶。アイスコーヒーの氷を鳴らしながらマスターと談笑。筆で書いた文字をデザインした看板と壁に飾られた絵はがきはマスターによるものでした。目に映ったその季節の風景を絵はがきにして私も誰かに届けたいと思いました。できあった葉書をマスターに見てもらいながら、またここで珈琲を飲みたいという願いは叶わないまま。

喫茶 エリカ

東京都千代田区

近くにあった姉妹店が休業してしまってからもこちらはしばらく営業を続けてくださっていました。タクシーの運転手さんをはじめ、常連の方たちがいつも楽しそうにお茶をしていた姿が鮮明によみがえります。飴色の椅子の背もたれはハートの形で中はクローバーの形に切り取られているという凝ったもの。石を組み合わせて造られたひんやりするような壁との組み合わせに毎度見惚れていました。冷たい飲み物の下のコースターやマッチ箱のデザインも素晴らしかったです。

ポットコーヒー店

東京都杉並区

窓に描かれた赤いポットの絵を目にするたびに穏やかな気持ちになっていたお店です。教会にあるようなかわいらしい椅子が並ぶこぢんまりとした店内。今も渋谷にある名店、「珈琲店トップ」で修業されていたというマスターが淹れる珈琲は絶品で、珈琲豆についてもいろいろと教えてくださいました。気さくなマスターとやさしいマダムが醸し出すあたたかい空気の中にいたくて、いつも早足でここへ向かっていたのを覚えています。

喫茶室 Cobu

東京都杉並区

阿佐ヶ谷駅にあるパール商店街を進んで真ん中ほど、今はなきスミレ洋品店の奥にあったお店です。そこに喫茶店があると気がつく人は多くなく、まさに隠れ家というにふさわしいお店でした。

ギャラリーとしても利用されている店内には、永島慎二氏の作品をはじめとした絵たちが飾られていて、それを眺めながらのんびりと過ごしていました。甘さと苦さが完璧だったアイスコーヒーの味が忘れられません。

純喫茶 団

東京都品川区

何度も前を通っていたのに、とこちらの存在に気がつかないでいた時間をもったいなく思うほど素敵なお店でした。2階を見上げると、「コーヒーガール」と勝手に名付けた、カップに腰掛けた少女の人形がいつもこちらを見下ろしていたのでした。

創業当初は甘味処だったという店内には飴色のソファが並び、どこか和の空気が漂っていました。笑顔が素敵なマスターが作ってくれる食事はどれも丁寧な味がしてもっとたくさん通いたかったです。

珈琲専門店　伽羅

東京都墨田区

押上駅から曳舟方面に少し歩いたところにあった、艶めかしい空気をまとっていた魅惑的なお店。長い年月のいろいろを吸い込んだ珈琲色のお店で、赤い椅子や美しい熱帯魚が泳ぐ水槽、香り高い珈琲、美しいマダムの雰囲気の虜になって、一日に何度もやって来る常連さんもいらっしゃるほどでした。

素敵な店名の「伽羅」は、以前鎌倉にあった、お気に入りの喫茶店からもらった思い入れのあるものだったそうです。

コーヒーの店 白十字

新潟県新潟市

新潟の古町商店街の中にあったこのお店は、昭和21年創業の市内で一番古いお店でした。まるで船の中にいるようなインテリアはどれも個性的。60年以上の歴史を刻んだ店内は貫禄たっぷりでした。ミルクとガムシロップがかかった珈琲ゼリーのプルプルとした食感が忘れられません。

最初で最後の訪問となってしまったことが悔しいですが、こちらの2階席で過ごした幸せな数十分間は、大切な旅の思い出のひとつとして胸に刻み込まれています。

月ヶ瀬

静岡県熱海市

　電車に揺られてやってきた熱海での散策時に、坂道で発見したお店。海へ行く途中、見つけた月ヶ瀬は外観の深緑色のタイルがとても好みでした。扉を開けると目に飛び込んできたのは、先ほどまでと時間軸が違うような昭和空間とかわいらしい切り絵の少年少女たち。これらは何とマダムの手作りだと聞いて、そのセンスの良さに感激したものです。「はちみつ」という名前の飲み物はほんのり甘くて、じんわり体にしみる懐かしい味でした。

みち

東京都台東区

浅草のひとつ手前、田原町の駅からすぐのところにあったお店。外観も店内の様子も、また飲み物の入っているグラスまで、小説や映画の中で見たような懐かしい感じでした。前を通り過ぎる人たちが、スローモーションのように流れていくその様子をただ眺めているのがぴったりだった場所。近所にある行列のできるパン屋、ペリカンのパンを使用したトーストをかじりながら、白い背もたれと赤いビロードのソファに座って、何度も窓の外を眺めて過ごしたものです。

喫茶 ディスカス
東京都中央区

「その頃一般的に喫茶店といったら赤色の椅子が多かったのだけど、私は絶対に青色が格好いいって思ったのよね」と教えてくださった元スチュワーデスの明るいマダムとお話するのがとても好きでした。

　このお店に出会ったのは、近くで行われていたべったら市に訪れたときのこと。マダムのお気に入りだというイランの皿がずらりと飾られた様子はどこかエキゾチックで、美味しいと評判のナポリタンを目当てに著名人たちも多く訪れていたとか。

喫茶 潤

東京都千代田区

行き慣れた神保町で普段あまり通らない道を散策していたら、思いがけず出会ったお店。ガラス戸に書かれた「coffee」の文字に惹かれて扉を開けると、そこはすっきりとした配色のインテリアで統一された落ち着ける空間でした。レモンスカッシュを注文し、目が合うとにっこり微笑んでくれる控えめなマダムとおしゃべりをしたり、壁に飾られた素敵なモノクロの写真を眺めたり。周辺を歩くとそこにいた夏の記憶を懐かしい気持ちで思い出すのです。

ウインザー

東京都中央区

東京駅から歩いて数分、居酒屋やカラオケボックスなどが並ぶ繁華街の中にあった洋菓子喫茶のウインザーは、真っ赤な椅子が印象的なお店でした。店内を一望できる端の席に座ってケーキを頼むと、その日あるすべてのケーキを乗せたサンプルのトレイを席まで持ってきてくれました。いくつでも食べられてしまいそうな、魔法の演出。迷った後に選んだのはミルフィーユとサイフォンで淹れられた珈琲。今はもうない店の前を通るとあの幸せな時間がよみがえってくるのです。

茶房 たんたん

東京都日野市

骨董市を覗きにいった高幡不動尊のすぐ近くにあったお店。店内には数え切れないほどたくさんのこけしたちがずらりと並べられていて圧倒される光景でした。自家焙煎の美味しい珈琲豆を販売していることでも有名だったお店ですが、お話を聞いてみると、知る人ぞ知るこけしマニアの集まる店でした。そこまでは多くはないですが、私もこけしを収集しているので、かわいい顔たちを眺めながら珈琲を味わうあの時間は、他のお店ではできない特別な体験でした。

ショートショート

喫茶「ヘヴン」

田丸雅智

青年が木製の重い扉を押し開けると、ジャズの音が聞こえてきた。

「いらっしゃいませ」

穏やかな笑みを浮かべながら、マスターと思しき人物が迎えてくれる。かつては夫婦二人三脚で営んでいた店らしい。

閉店も近いころに訪れたからだろう、客は他に見当たらなかった。

「すみません、珈琲を」

マスターは軽く頷き、やがて豆を挽く音が聞こえてくる。

青年は周囲を見渡した。

――喫茶「ヘヴン」

棚には色褪せたレコードや雑誌が置かれている。木目の見えるテーブルがいくつか据えられていて、淡い照明に焦げ茶色に光っている。

「お待ち遠さまです。どうぞ、ごゆっくり」

マスターは上品な所作で珈琲カップを置いていった。

青年はさっそく口をつけ、うまいなぁと内心でもらす。そして、ソーサーに置かれたクッキーをかじりつつ、肝心なことを思い起こす――。

その話を聞いたのは、会社の先輩からだった。放心状態で何も手がつかない青年を明るい声で励ましながら、先輩はこんなことを言ったのだ。

あの喫茶店に行けば、きっと再会できるから。じつは自分も、それで立ち直ったクチなんだ。

誰と、とは言わなかった。が、青年はすぐに理解した。前に耳にしたことがあったのだ。その先輩の奥さんが、闘病の末に亡くなったのだということを。

先輩は、店の名前と手書きの地図を書いた紙を渡してくれた。

それがこの店、喫茶「ヘヴン」だった。

と、そのとき、木製の扉が開かれた。目をやった青年は、思わず珈琲カップを落としそうになった。何とか持ちこたえてテーブルの上に戻したけれど、カタカタと陶器の触れ合う音が止まらない。

「リサ……」

震える手をようやく離し、青年は絞りだすように口にした。入ってきたのは、若い女性だった。彼女は青年の姿を認めると笑顔を咲かせて歩み寄り、テーブルの向かいに腰掛けた。

「ごめんね、遅くなって」

青年は息を深く吸いこんで、吐きだした。

「ううん、全然……いま来たところ」

先輩からは、天に一番近い店なのだと聞いていた。立地の話などではない。そこで起こる現象から、そう呼ばれはじめたらしい。ヘヴン——天国に近く、故人と再会できる場所。それがこの店なのだ。

「またリサと会えるだなんて……」

「急になに？　きのう会ったばっかじゃない」

怪訝な顔をしている女性に、青年は慌てて取り繕う。

「いや、何でもない……とりあえず、カプチーノでいい？」

勝手知ったる女性の好みを、マスターに伝える。間もなくそれは運ばれてきて、二人はどちらからともなく話しはじめる。

最初のほうこそ、青年にはぎこちなさが見てとれた。けれど次第に落ち着いていき、やがて自然な他愛のない恋人同士のやり取りに変わる。青年の会社での出来事に、女性は興味深そうに耳を傾ける。青年は女性の言葉の揚げ足をとって、むくれる女性をすかさずからかう。

つい数か月前には当たり前だった光景が、不幸が二人を襲う前のありふれた日常が、たしかにここには存在していた。

「あっ、もう閉店時間すぎてるっ！」

不意に時計を見て慌てた青年は、マスターに言う。

「すみません、つい長居してしまって……いま帰りますので！」

「大丈夫ですよ」

微笑むマスターに見守られながら、席を立つ。

「どうぞ、お忘れ物のなきように」

木製の扉を閉めると、静かな夜の闇が待ち受けていた。

送っていくよ。

青年はそう言おうと隣を向いて、言葉を呑んだ。ついいましがたまで隣に居た女性の姿は、もはやどこにも見当たらなかった。

そうだったな、と、彼は思う。もういないんだよな。

心の中で呟いて、街灯の下を歩きはじめる。

胸はひどく痛んでいた。けれど、心にぽっかり空いた穴は、不思議と少し塞がったような気もしていた。

とりあえず明日、先輩に報告しないとだな。

口の中には、まだ珈琲の香りが残っている――。

喫茶「ヘヴン」では、すっかり片づいた店の「Ｃｌｏｓｅｄ」の掛かった扉が開くと、その日最後の珈琲が淹れられるのが習わしになっている。

マスターはテーブルのひとつに腰を下ろし、夫婦二人三脚で慌ただしくやっていた当時のことを、珈琲片手におもしろおかしく語りあう。

客の居なくなった店内で。

遠い昔に亡くなった、妻と一緒に。

おわりに

初めての書籍を出してから約10年。

世の中にも、自分にも、いろいろなことがありました。変化していく日々を過ごしていく中で、今も変わらないのは純喫茶で過ごす時間の大切さ。

行きたいお店へ向かう道すがら、「何を食べようか」、「お店の人たちは元気かしら」などと考えながら心なしか早足になって向かうわくわくする瞬間はかけがえのないもの。

純喫茶はいつもそこにあって、あたたかく迎えてくれますが、お店も、働く人たちも生きている以上、永遠ではないことも事実です。

実際、長い間通っていて不変だと勝手に錯覚していたのに突然閉店してしまう、かなしい現実を何度も経験しました。

本書の単行本版を出したとき、元気に営業していたお店たちのいくつかもその歴史に幕を閉じてしまっています。

だからこそ、灯りが点いている間にできる限り足を運びたいと思うのです。

扉を開けて好きな席に腰掛けて、そのときの気分で好きなメニューを選んで。できたての美味しさを味わって、立ち上がるまでのひとときを寛げるありがたさ。

それは、とても貴重な時間の積み重ねだと実感することが増えていき、純喫茶に恋をした当初より、ますますその存在が大切になっていきました。

見つけたときが訪れるタイミング。

今、頭に思い浮かべたお店にさっそく出掛けてみませんか？

そこで過ごす時間は、きっと暮らしを華やかにしてくれるはずです。

最後に、いつも取材やメディアへのご対応をしてくださる喫茶店の皆さま、まだ見ぬ全国の素晴らしい喫茶店の皆さま、時代を経て今もなお営業を続けてくださることに心より感謝申し上げます。

この本を手に取ってくださったすべての方に、美しい喫茶時間がありますように。

さくいん

本書は二〇一二年にＰＡＲＣＯ出版より発行された
『純喫茶コレクション』を大幅に加筆・再編集し文庫化したものです。

イラスト　はやしはなこ

純喫茶《じゅんきっさ》コレクション

二〇二二年一月二〇日　初版発行
二〇二二年一月三〇日　2刷発行

著　者　難波《なんば》里奈《りな》
発行者　小野寺優
発行所　株式会社河出書房新社
〒一五一－〇〇五一
東京都渋谷区千駄ヶ谷二－三二－二
電話〇三－三四〇四－八六一一（編集）
〇三－三四〇四－一二〇一（営業）
https://www.kawade.co.jp/

ロゴ・表紙デザイン　粟津潔
本文フォーマット　佐々木暁
本文組版　北風総貫
印刷・製本　凸版印刷株式会社

Printed in Japan　ISBN978-4-309-41864-3

ダウンタウン

小路幸也　41134-7

大人になるってことを、僕はこの喫茶店で学んだんだ……七十年代後半、高校生の僕と年上の女性ばかりが集う小さな喫茶店「ぶろっく」で繰り広げられた、「未来」という言葉が素直に信じられた時代の物語。

感傷的な午後の珈琲

小池真理子　41715-8

恋のときめき、出逢いと別れ、書くことの神秘。流れゆく時間に身をゆだね、愛おしい人を思い、生きていく――。過ぎ去った記憶の情景が永遠の時を刻む。芳醇な香り漂う極上のエッセイ！文庫版書下し収録。

巴里の空の下オムレツのにおいは流れる

石井好子　41093-7

下宿先のマダムが作ったバタたっぷりのオムレツ、レビュの仕事仲間と夜食に食べた熱々のグラティネ――一九五〇年代のパリ暮らしと思い出深い料理の数々を軽やかに歌うように綴った、料理エッセイの元祖。

東京の空の下オムレツのにおいは流れる

石井好子　41099-9

ベストセラーとなった『巴里の空の下オムレツのにおいは流れる』の姉妹篇。大切な家族や友人との食卓、旅などについて、ユーモラスに、洒落っ気たっぷりに描く。

バタをひとさじ、玉子を3コ

石井好子　41295-5

よく食べよう、よく生きよう――元祖料理エッセイ『巴里の空の下オムレツのにおいは流れる』著者の単行本未収録作を中心とした食エッセイ集。50年代パリ仕込みのエレガンス溢れる、食いしん坊必読の一冊。

パリっ子の食卓

佐藤真　41699-1

読んで楽しい、作って簡単、おいしい！　ポトフ、クスクス、ニース風サラダ…フランス人のいつもの料理90皿のレシピを、洒落たエッセイとイラストで紹介。どんな星付きレストランより心と食卓が豊かに！

小林カツ代のおかず道場

小林カツ代　41484-3

著者がラジオや料理教室、講演会などで語った料理の作り方の部分を選りすぐりで文章化。「調味料はピャーとはかる」「ぬるいうちにドドドド」など、独特のカツ代節とともに送るエッセイ＆レシピ74篇。

小林カツ代のきょうも食べたいおかず

小林カツ代　41608-3

塩をパラパラッとして酒をチャラチャラッとかけて、フフフフフッて五回くらいニコニコして……。まかないめしから酒の肴まで、秘伝のカツ代流レシピとコツが満載！　読むだけで美味しい、料理の実況中継。

早起きのブレックファースト

堀井和子　41234-4

一日をすっきりとはじめるための朝食、そのテーブルをひき立てる銀のポットやガラスの器、旅先での骨董ハンティング…大好きなものたちが日常を豊かな時間に変える極上のイラスト＆フォトエッセイ。

味を追う旅

吉村昭　41258-0

グルメに淫せず、うんちくを語らず、ただ純粋にうまいものを味わう旅。東京下町のなにげない味と、取材旅行で立ち寄った各地のとっておきのおかず。そして酒、つまみ。単行本未収録の文庫化。

おなかがすく話

小林カツ代　41350-1

著者が若き日に綴った、レシピ研究、買物癖、外食とのつきあい方、移り変わる食材との対話――。食への好奇心がみずみずしくきらめく、抱腹絶倒のエッセイ四十九篇に、後日談とレシピをあらたに収録。

私、丼ものの味方です

村松友視　41328-0

天丼、牛丼、親子丼、ウナ丼……。庶民の味方「丼もの」的世界へようこそ！　行儀や窮屈とは程遠い自由な食の領域から、極上の気分が味わえる。ユーモラスな蘊蓄で綴るとっておきの食べ物エッセイ68篇！

食いしん坊な台所

ツレヅレハナコ　41707-3

楽しいときも悲しいときも、一人でも二人でも、いつも台所にいた——人気フード編集者が、自身の一番大切な居場所と料理道具などについて語った、食べること飲むこと作ることへの愛に溢れた初エッセイ。

魚の水（ニョクマム）はおいしい

開高健　41772-1

「大食の美食趣味」を自称する著者が出会ったヴェトナム、パリ、中国、日本等。世界を歩き貪欲に食べて飲み、その舌とペンで精緻にデッサンして本質をあぶり出す、食と酒エッセイ傑作選。

おばんざい　春と夏

秋山十三子　大村しげ　平山千鶴　41752-3

1960年代に新聞紙上で連載され、「おばんざい」という言葉を世に知らしめた食エッセイの名著がはじめての文庫化！　京都の食文化を語る上で、必読の書の春夏編。

おばんざい　秋と冬

秋山十三子　大村しげ　平山千鶴　41753-0

1960年代に新聞紙上で連載され、「おばんざい」という言葉を世に知らしめた食エッセイの名著がはじめての文庫化！　京都の食文化を語る上で、必読の書の秋冬編。解説＝いしいしんじ

マスタードをお取りねがえますか。

西川治　41276-4

食卓の上に何度、涙したかで男の味覚は決まるのだ——退屈な人生を輝かせる手づくりのマスタードや、油ギトギトのフィッシュ・アンド・チップス。豪快かつ優美に官能的に「食の情景」を綴った名エッセイ。

天下一品　食いしん坊の記録

小島政二郎　41165-1

大作家で、大いなる健啖家であった稀代の食いしん坊による、うまいものを求めて徹底吟味する紀行・味道エッセイ集。西東の有名無名の店と料理満載。

魯山人の真髄

北大路魯山人 41393-8

料理、陶芸、書道、花道、絵画……さまざまな領域に個性を発揮した怪物・魯山人。生きること自体の活力を覚醒させた魅力に溢れる、文庫未収録の各種の名エッセイ。

下町呑んだくれグルメ道

畠山健二 41463-8

ナポリタン、うなぎ、寿司、串揚げ、もつ煮込みなど、下町ソウルフードにまつわる勝手な一家言と濃い人間模様が爆笑を生む！「本所おけら長屋」シリーズで人気沸騰中の著者がおくる、名作食エッセイ。

居酒屋道楽

太田和彦 41748-6

街を歩き、歴史と人に想いを馳せて居酒屋を巡る。隅田川をさかのぼりはしご酒、浦安で山本周五郎に浸り、幕張では椎名誠さんと一杯、横浜と法善寺横丁の夜は歌謡曲に酔いしれる——味わい深い傑作、復刊！

ロッパ随筆　苦笑風呂

古川緑波 41359-4

食エッセイで人気再燃の、喜劇王ロッパ。昭和日記も一級資料だが、活キチ（シネフィル）として世に出たあれこれ様々のエッセイも、痛快無比。「支那料理六景」など、飲食記も。

ロッパ食談　完全版

古川緑波 41315-0

1951年創刊の伝説の食べもの冊子『あまカラ』に連載された「ロッパ食談」をはじめて完全収録。ただおもしろいだけじゃない、「うまいもの」「食べること」への執念を感じさせるロッパエッセイの真髄。

暗がりの弁当

山本周五郎 41615-1

食べ物、飲み物（アルコール）の話、またそこから導き出される話、世相に関する低い目線の真摯なエッセイなど。曲軒山周の面目躍如、はらわたに語りかけるような、素晴らしい文章。

季節のうた

佐藤雅子　41291-7

「アカシアの花のおもてなし」「ぶどうのトルテ」「わが家の年こし」……家族への愛情に溢れた料理と心づくしの家事万端で、昭和の女性たちの憧れだった著者が四季折々を描いた食のエッセイ。

「食」を変えれば人生が変わる

山田豊文　40963-4

食生活の変化や間違った栄養知識による心や体の異常状態をリセットし、百歳まで健康に生きる方法とは？　危険な食の警告から正しい食事法まで、一流アスリートも栄養指導する著者による「食」バイブル。

昭和天皇と鰻茶漬

谷部金次郎　41367-9

谷部は十七歳で宮内庁に入り、「天皇の料理番」秋山徳蔵の薫陶を受け、以後陛下一代の料理番となる。その苦心の数々と陛下への尊崇の念を綴る一冊。

インドカレー伝

リジー・コリンガム　東郷えりか〔訳〕　46419-0

ヴァスコ・ダ・ガマによるインド航路の開拓と欧米列強の進出、ムガル帝国の初代皇帝バーブルによる侵略という二つの事件が、インドの食文化に大きな影響を及ぼした！　カレーの起源をめぐる壮大な旅！

チョコレートの歴史

ソフィー・D・コウ／マイケル・D・コウ　樋口幸子〔訳〕　46436-7

遥か三千年前に誕生し、マヤ・アステカ文明に育まれたチョコレートは、神々の聖なる「飲み物」として壮大な歴史を歩んできた。香料、薬効、滋養など不思議な力の魅力とは……。決定版名著！

スパイスの科学

武政三男　41357-0

スパイスの第一人者が贈る、魅惑の味の世界。ホワイトシチューやケーキに、隠し味で少量のナツメグを……いつもの料理が大変身。プロの技を、実例たっぷりに調理科学の視点でまとめたスパイス本の決定版！